Bert Mehlhaff & Martina Berg

Bogenpass für Compoundbogen
mit Tuning-Tipps für Ihren Bogen

AF138723

Deutscher Bogensportverlag
www.deutscher-bogensportverlag.de

Über die Autoren:

Bert Mehlhaff

betreibt den Bogensport seit mehr als 35 Jahren und ist mehrfacher Landes- sowie Deutscher Meister mit dem Recurvebogen. Er betreibt seit Jahren erfolgreich ein Fachgeschäft für Bogensportartikel und ist Bogenreferent für den Schützenkreis Lippe. Seit 5 Jahren schießt er Compoundbogen und ist oft auf 3D-Parcours anzutreffen.

Internet:
www.bogensport-deutschland.de

Martina Berg

ist Antiquarin, Fotografin, Autorin und seit einigen Jahren begeisterte Bogenschützin. Sie durchstreift mit Ihrem Jagdrecurve bevorzugt 3D-Parcours, schießt dabei instinktiv, liebäugelt aber seit kurzem auch mit einem Compoundbogen.

Internet:
www.martinaberg.com

Weitere Titel aus unserem Verlag:

- **Schießbuch für Bogenschützen**
  Persönliches Trainingstagebuch für ambitionierte Bogensportler
- **Bogenpass für Recurvebogen**
  mit Tuning-Tipps für Ihren Bogen

Bert Mehlhaff & Martina Berg

Bogenpass für Compoundbogen

Deutscher Bogensportverlag
www.deutscher-bogensportverlag.de

Bibliografische Information der Deutschen Nationalbibliothek:
Die Deutsche Bibliothek verzeichnet diese Publikation in der
Deutschen Nationalbibliografie; detaillierte bibliografische
Daten sind im Internet unter http://dnb.dnb.de abrufbar.

© Deutscher Bogensportverlag GbR
Bert Mehlhaff und Martina Berg

Herstellung und Verlag:
BoD – Books on Demand, Norderstedt

ISBN: 978-3-7386-41530

Bogenpass-Nr.	
Datum von:	
Datum bis:	
Persönliche Daten	
Name:	
Geburtsdatum:	
Straße / Nr.:	
PLZ / Wohnort:	
Telefon:	
Mobiltelefon:	
E-Mail:	
Verein:	

**Ein Leben ohne Bogenschießen
ist möglich - aber sinnlos!**

Bogenpass Compoundbogen – Teil 1

Notieren Sie sich regelmäßig die technischen Daten Ihrer
Bogensportausrüstung. Durchgeführte Änderungen und deren
Auswirkungen sind somit besser nachvollziehbar und können
gegebenenfalls rückgängig gemacht werden.

Datum:	
Hersteller	
Modell:	
Länge Achse/Achse:	
Sehne / Kabel	
Länge Sehne:	
Strangzahl Sehne:	
Material Sehne:	
Länge Kabel:	
Strangzahl Kabel:	
Material Kabel:	
Stabilisatoren	
Modell Monostabi:	
Länge Monostabi:	
Gewicht(e) Monostabi:	
Modell Seitenstabi:	
Länge Seitenstabi:	
Gewicht(e) Seitenstabi:	
Dämpfer / Modell:	
Vorbau / V-Bar / Spinne	
Modell / Ausführung:	

Bogenpass Compoundbogen – Teil 2

Standhöhe	
Sehnenabstand in Zoll/cm:	
Pfeilauflage	
Modell:	
Ausführung:	
Visier	
Modell:	
Länge des Auslegers:	
Scope	
Modell / Größe:	
Linse:	
Vergrößerung:	
Pin:	
Pfeile	
Modell:	
Material:	
Länge:	
Spitzen / Gewicht:	
Nocks:	
Federn:	
Folierung / Länge:	
Beschriftung:	
Auszugslänge cm/Zoll:	

Zubehör

Release	
Art / Modell:	
Hersteller:	
Zuletzt gereinigt am:	
Nächster Reinigungstermin:	
Letzte Funktionsprüfung am:	
Verschleißteile ausgewechselt am:	
Ersatzteilsortiment	
bestehend aus:	
Zuletzt ergänzt am:	
Nachfüllen / ergänzen von:	

Gruppierungscheck

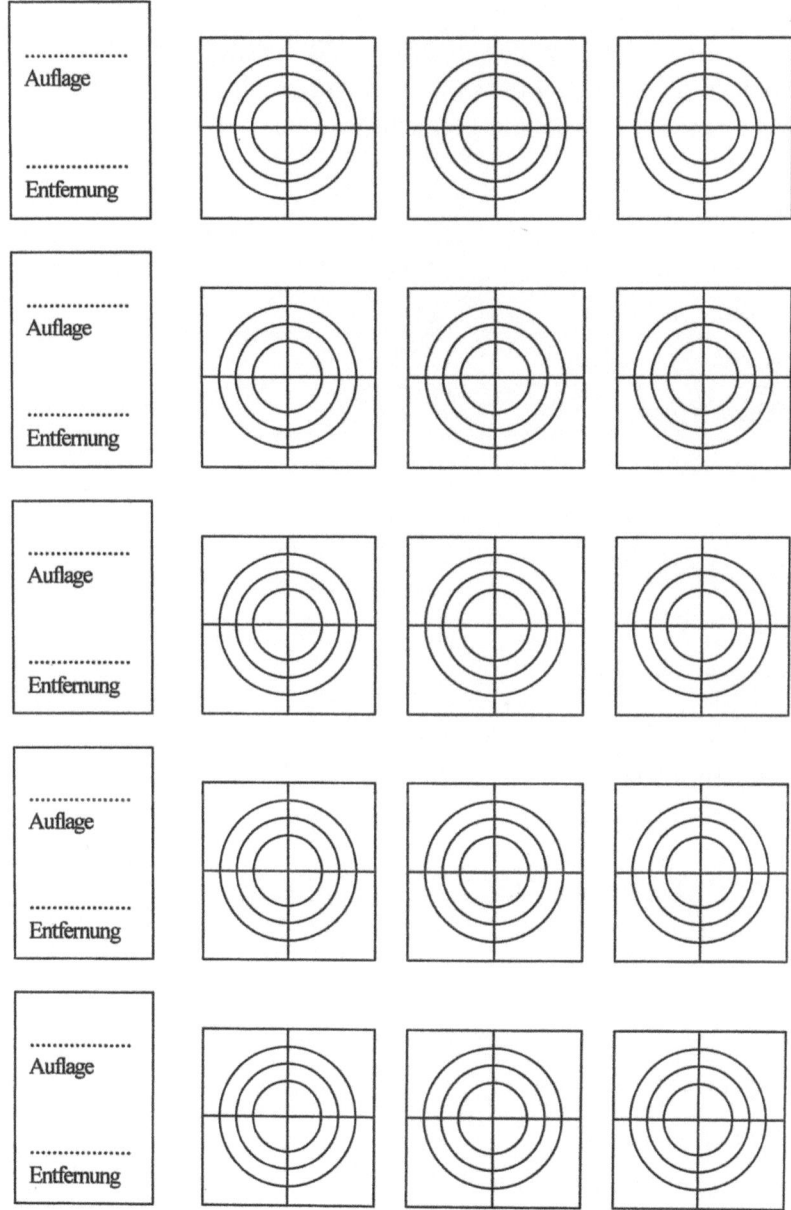

Bogenpass Compoundbogen – Teil 1

Notieren Sie sich regelmäßig die technischen Daten Ihrer Bogensportausrüstung. Durchgeführte Änderungen und deren Auswirkungen sind somit besser nachvollziehbar und können gegebenenfalls rückgängig gemacht werden.

Datum:	
Hersteller	
Modell:	
Länge Achse/Achse:	
Sehne / Kabel	
Länge Sehne:	
Strangzahl Sehne:	
Material Sehne:	
Länge Kabel:	
Strangzahl Kabel:	
Material Kabel:	
Stabilisatoren	
Modell Monostabi:	
Länge Monostabi:	
Gewicht(e) Monostabi:	
Modell Seitenstabi:	
Länge Seitenstabi:	
Gewicht(e) Seitenstabi:	
Dämpfer / Modell:	
Vorbau / V-Bar / Spinne	
Modell / Ausführung:	

Bogenpass Compoundbogen – Teil 2

Standhöhe	
Sehnenabstand in Zoll/cm:	
Pfeilauflage	
Modell:	
Ausführung:	
Visier	
Modell:	
Länge des Auslegers:	
Scope	
Modell / Größe:	
Linse:	
Vergrößerung:	
Pin:	
Pfeile	
Modell:	
Material:	
Länge:	
Spitzen / Gewicht:	
Nocks:	
Federn:	
Folierung / Länge:	
Beschriftung:	
Auszugslänge cm/Zoll:	

Zubehör

Release	
Art / Modell:	
Hersteller:	
Zuletzt gereinigt am:	
Nächster Reinigungstermin:	
Letzte Funktionsprüfung am:	
Verschleißteile ausgewechselt am:	
Ersatzteilsortiment	
bestehend aus:	
Zuletzt ergänzt am:	
Nachfüllen / ergänzen von:	

Gruppierungscheck

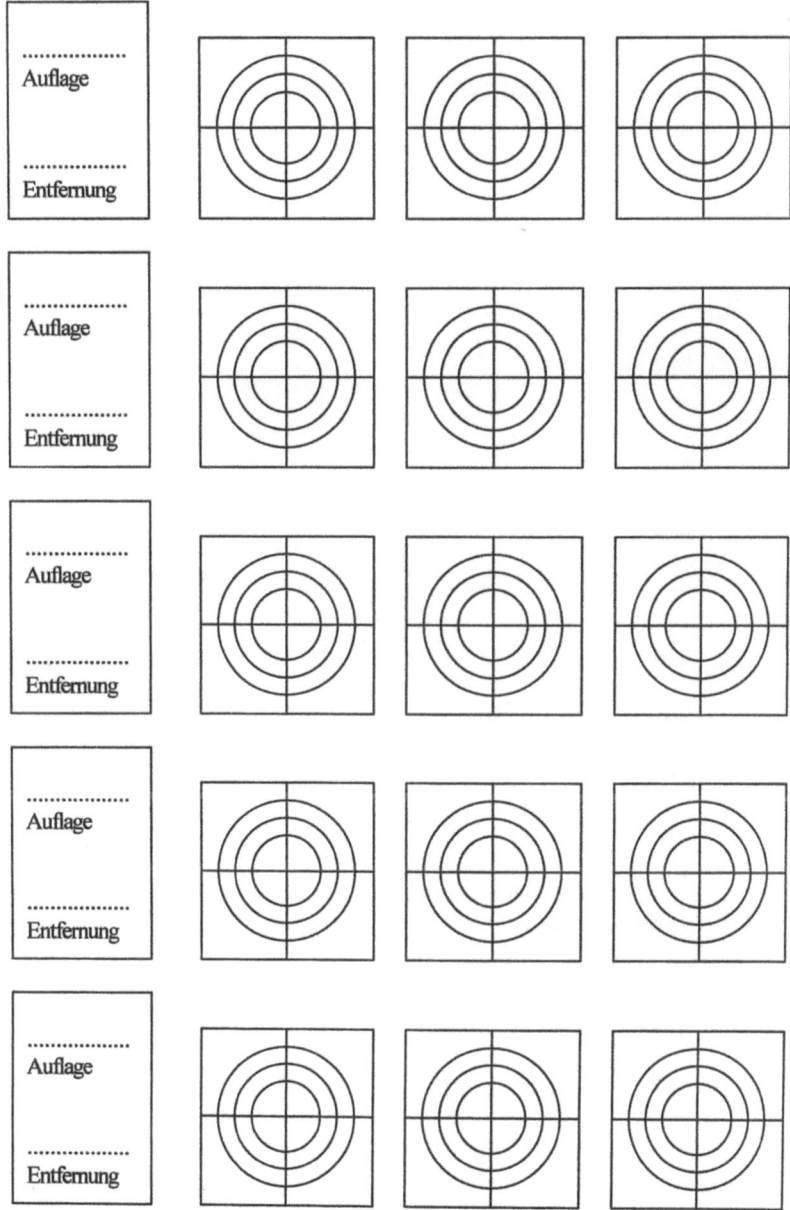

Bogenpass Compoundbogen – Teil 1

Notieren Sie sich regelmäßig die technischen Daten Ihrer Bogensportausrüstung. Durchgeführte Änderungen und deren Auswirkungen sind somit besser nachvollziehbar und können gegebenenfalls rückgängig gemacht werden.

Datum:	
Hersteller	
Modell:	
Länge Achse/Achse:	
Sehne / Kabel	
Länge Sehne:	
Strangzahl Sehne:	
Material Sehne:	
Länge Kabel:	
Strangzahl Kabel:	
Material Kabel:	
Stabilisatoren	
Modell Monostabi:	
Länge Monostabi:	
Gewicht(e) Monostabi:	
Modell Seitenstabi:	
Länge Seitenstabi:	
Gewicht(e) Seitenstabi:	
Dämpfer / Modell:	
Vorbau / V-Bar / Spinne	
Modell / Ausführung:	

Bogenpass Compoundbogen – Teil 2

Standhöhe	
Sehnenabstand in Zoll/cm:	
Pfeilauflage	
Modell:	
Ausführung:	
Visier	
Modell:	
Länge des Auslegers:	
Scope	
Modell / Größe:	
Linse:	
Vergrößerung:	
Pin:	
Pfeile	
Modell:	
Material:	
Länge:	
Spitzen / Gewicht:	
Nocks:	
Federn:	
Folierung / Länge:	
Beschriftung:	
Auszugslänge cm/Zoll:	

Zubehör

Release	
Art / Modell:	
Hersteller:	
Zuletzt gereinigt am:	
Nächster Reinigungstermin:	
Letzte Funktionsprüfung am:	
Verschleißteile ausgewechselt am:	
Ersatzteilsortiment	
bestehend aus:	
Zuletzt ergänzt am:	
Nachfüllen / ergänzen von:	

Gruppierungscheck

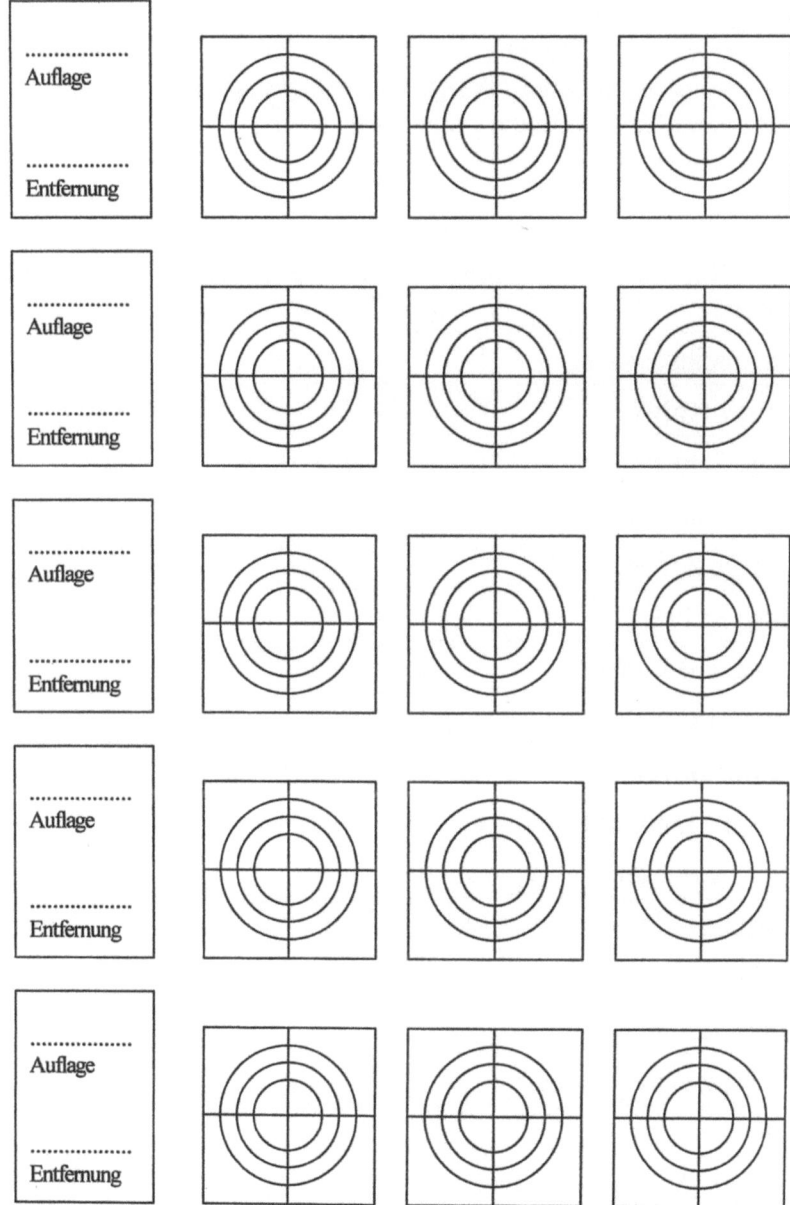

Bogenpass Compoundbogen – Teil 1

Notieren Sie sich regelmäßig die technischen Daten Ihrer Bogensportausrüstung. Durchgeführte Änderungen und deren Auswirkungen sind somit besser nachvollziehbar und können gegebenenfalls rückgängig gemacht werden.

Datum:	
Hersteller	
Modell:	
Länge Achse/Achse:	
Sehne / Kabel	
Länge Sehne:	
Strangzahl Sehne:	
Material Sehne:	
Länge Kabel:	
Strangzahl Kabel:	
Material Kabel:	
Stabilisatoren	
Modell Monostabi:	
Länge Monostabi:	
Gewicht(e) Monostabi:	
Modell Seitenstabi:	
Länge Seitenstabi:	
Gewicht(e) Seitenstabi:	
Dämpfer / Modell:	
Vorbau / V-Bar / Spinne	
Modell / Ausführung:	

Bogenpass Compoundbogen – Teil 2

Standhöhe	
Sehnenabstand in Zoll/cm:	
Pfeilauflage	
Modell:	
Ausführung:	
Visier	
Modell:	
Länge des Auslegers:	
Scope	
Modell / Größe:	
Linse:	
Vergrößerung:	
Pin:	
Pfeile	
Modell:	
Material:	
Länge:	
Spitzen / Gewicht:	
Nocks:	
Federn:	
Folierung / Länge:	
Beschriftung:	
Auszugslänge cm/Zoll:	

Zubehör

Release	
Art / Modell:	
Hersteller:	
Zuletzt gereinigt am:	
Nächster Reinigungstermin:	
Letzte Funktionsprüfung am:	
Verschleißteile ausgewechselt am:	
Ersatzteilsortiment	
bestehend aus:	
Zuletzt ergänzt am:	
Nachfüllen / ergänzen von:	

Gruppierungscheck

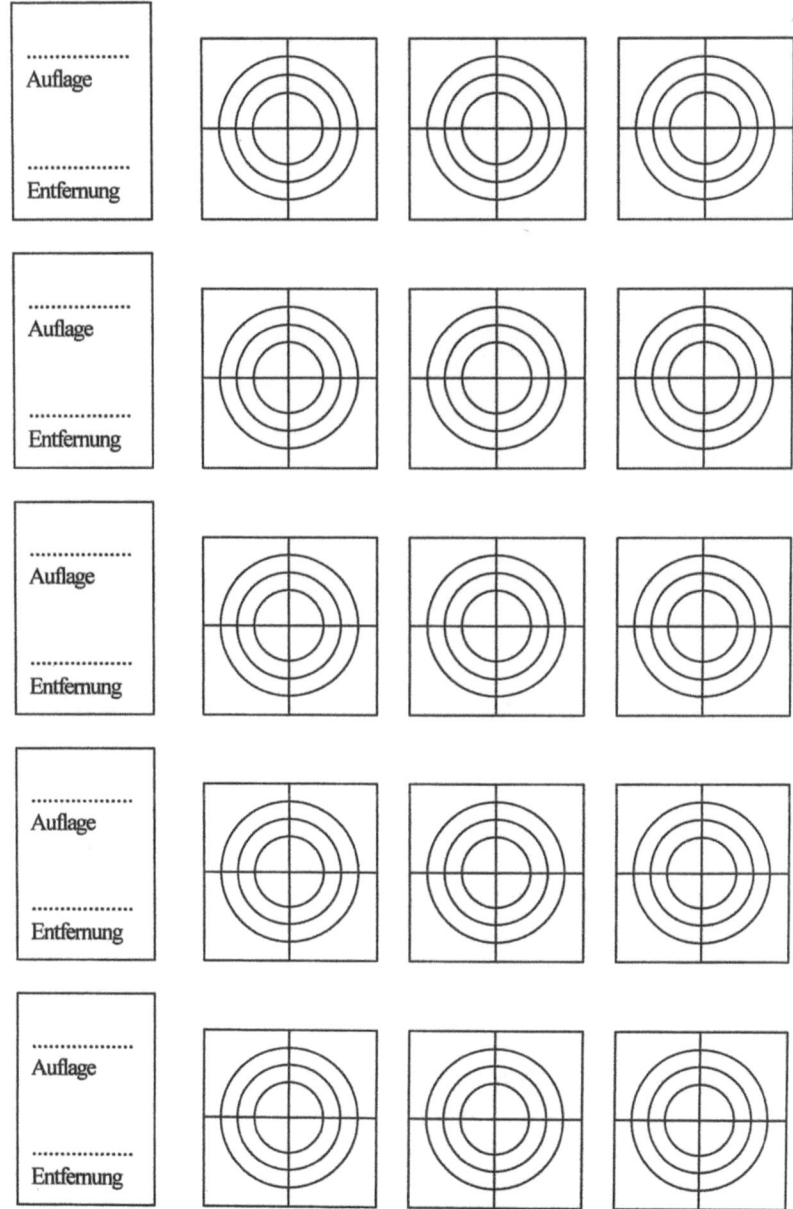

Bogenpass Compoundbogen – Teil 1

Notieren Sie sich regelmäßig die technischen Daten Ihrer Bogensportausrüstung. Durchgeführte Änderungen und deren Auswirkungen sind somit besser nachvollziehbar und können gegebenenfalls rückgängig gemacht werden.

Datum:	
Hersteller	
Modell:	
Länge Achse/Achse:	
Sehne / Kabel	
Länge Sehne:	
Strangzahl Sehne:	
Material Sehne:	
Länge Kabel:	
Strangzahl Kabel:	
Material Kabel:	
Stabilisatoren	
Modell Monostabi:	
Länge Monostabi:	
Gewicht(e) Monostabi:	
Modell Seitenstabi:	
Länge Seitenstabi:	
Gewicht(e) Seitenstabi:	
Dämpfer / Modell:	
Vorbau / V-Bar / Spinne	
Modell / Ausführung:	

Bogenpass Compoundbogen – Teil 2

Standhöhe	
Sehnenabstand in Zoll/cm:	
Pfeilauflage	
Modell:	
Ausführung:	
Visier	
Modell:	
Länge des Auslegers:	
Scope	
Modell / Größe:	
Linse:	
Vergrößerung:	
Pin:	
Pfeile	
Modell:	
Material:	
Länge:	
Spitzen / Gewicht:	
Nocks:	
Federn:	
Folierung / Länge:	
Beschriftung:	
Auszugslänge cm/Zoll:	

Zubehör

Release	
Art / Modell:	
Hersteller:	
Zuletzt gereinigt am:	
Nächster Reinigungstermin:	
Letzte Funktionsprüfung am:	
Verschleißteile ausgewechselt am:	
Ersatzteilsortiment	
bestehend aus:	
Zuletzt ergänzt am:	
Nachfüllen / ergänzen von:	

Gruppierungscheck

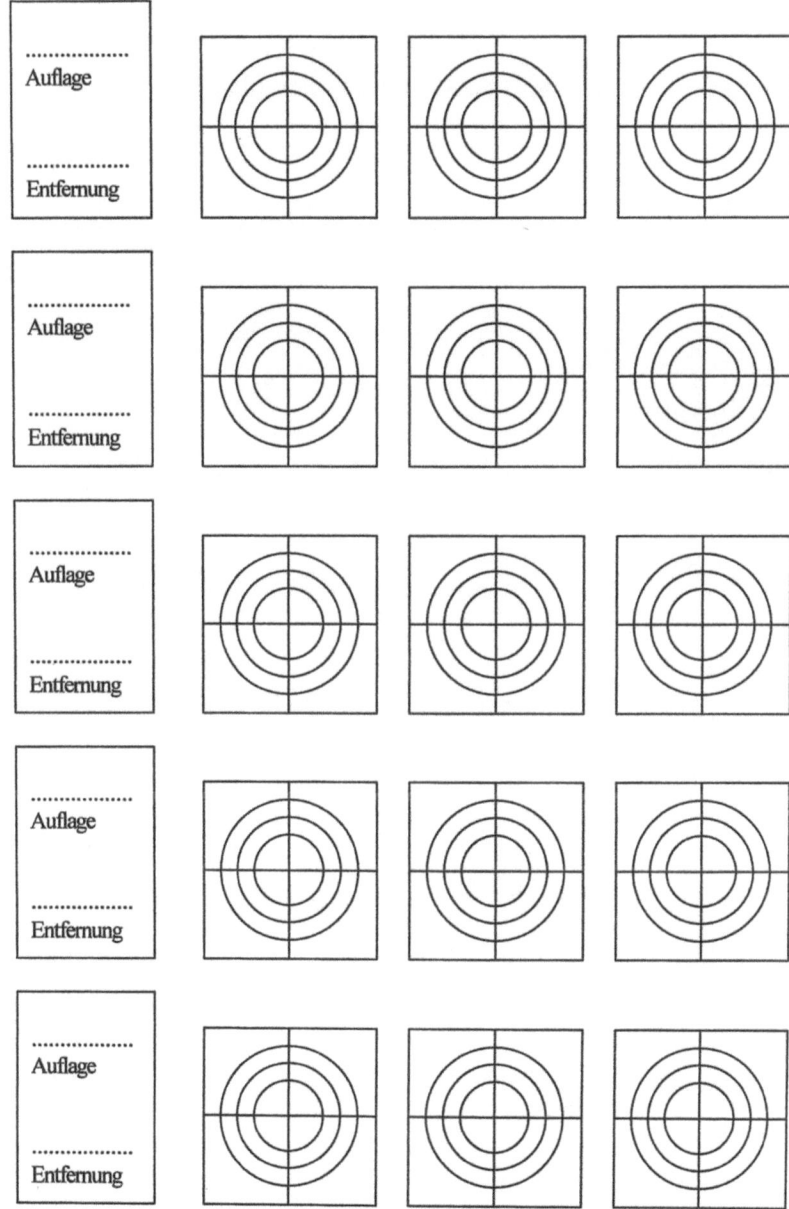

Bogenpass Compoundbogen – Teil 1

Notieren Sie sich regelmäßig die technischen Daten Ihrer Bogensportausrüstung. Durchgeführte Änderungen und deren Auswirkungen sind somit besser nachvollziehbar und können gegebenenfalls rückgängig gemacht werden.

Datum:	
Hersteller	
Modell:	
Länge Achse/Achse:	
Sehne / Kabel	
Länge Sehne:	
Strangzahl Sehne:	
Material Sehne:	
Länge Kabel:	
Strangzahl Kabel:	
Material Kabel:	
Stabilisatoren	
Modell Monostabi:	
Länge Monostabi:	
Gewicht(e) Monostabi:	
Modell Seitenstabi:	
Länge Seitenstabi:	
Gewicht(e) Seitenstabi:	
Dämpfer / Modell:	
Vorbau / V-Bar / Spinne	
Modell / Ausführung:	

Bogenpass Compoundbogen – Teil 2

Standhöhe	
Sehnenabstand in Zoll/cm:	
Pfeilauflage	
Modell:	
Ausführung:	
Visier	
Modell:	
Länge des Auslegers:	
Scope	
Modell / Größe:	
Linse:	
Vergrößerung:	
Pin:	
Pfeile	
Modell:	
Material:	
Länge:	
Spitzen / Gewicht:	
Nocks:	
Federn:	
Folierung / Länge:	
Beschriftung:	
Auszugslänge cm/Zoll:	

Zubehör

Release	
Art / Modell:	
Hersteller:	
Zuletzt gereinigt am:	
Nächster Reinigungstermin:	
Letzte Funktionsprüfung am:	
Verschleißteile ausgewechselt am:	
Ersatzteilsortiment	
bestehend aus:	
Zuletzt ergänzt am:	
Nachfüllen / ergänzen von:	

Gruppierungscheck

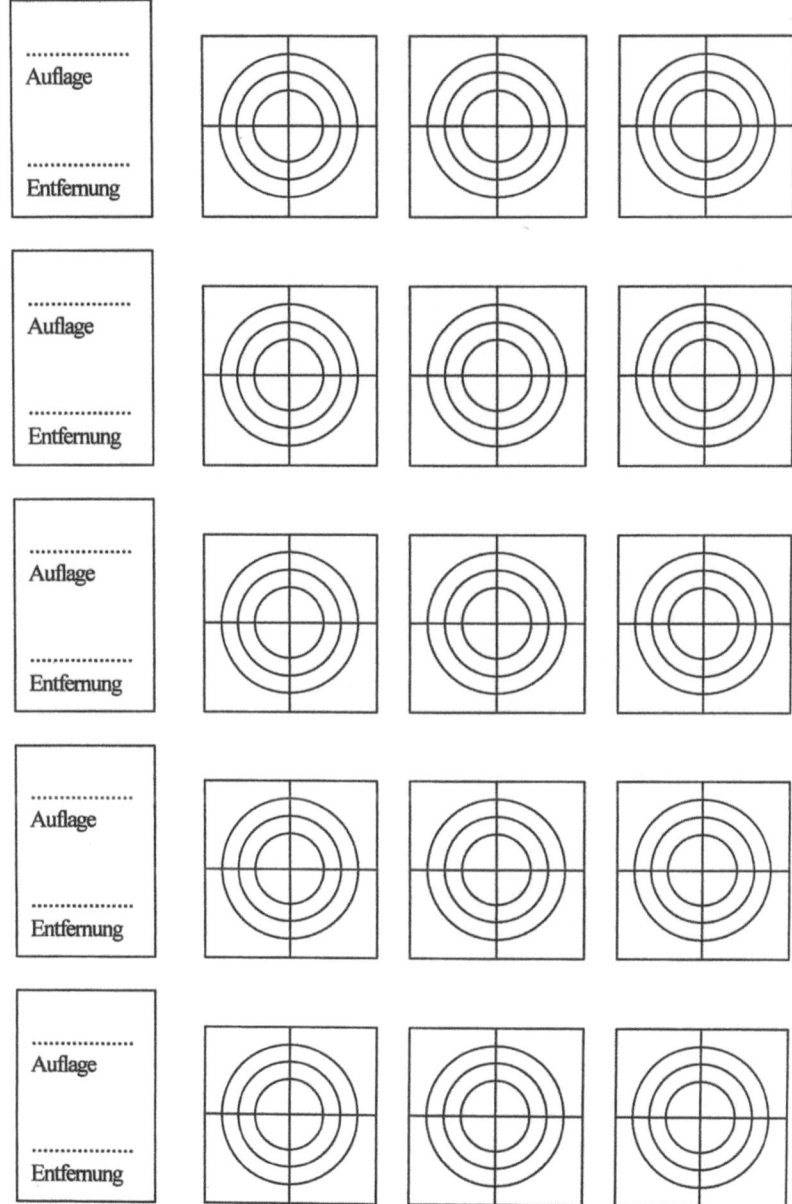

Bogenpass Compoundbogen – Teil 1

Notieren Sie sich regelmäßig die technischen Daten Ihrer Bogensportausrüstung. Durchgeführte Änderungen und deren Auswirkungen sind somit besser nachvollziehbar und können gegebenenfalls rückgängig gemacht werden.

Datum:	
Hersteller	
Modell:	
Länge Achse/Achse:	
Sehne / Kabel	
Länge Sehne:	
Strangzahl Sehne:	
Material Sehne:	
Länge Kabel:	
Strangzahl Kabel:	
Material Kabel:	
Stabilisatoren	
Modell Monostabi:	
Länge Monostabi:	
Gewicht(e) Monostabi:	
Modell Seitenstabi:	
Länge Seitenstabi:	
Gewicht(e) Seitenstabi:	
Dämpfer / Modell:	
Vorbau / V-Bar / Spinne	
Modell / Ausführung:	

Bogenpass Compoundbogen – Teil 2

Standhöhe	
Sehnenabstand in Zoll/cm:	
Pfeilauflage	
Modell:	
Ausführung:	
Visier	
Modell:	
Länge des Auslegers:	
Scope	
Modell / Größe:	
Linse:	
Vergrößerung:	
Pin:	
Pfeile	
Modell:	
Material:	
Länge:	
Spitzen / Gewicht:	
Nocks:	
Federn:	
Folierung / Länge:	
Beschriftung:	
Auszugslänge cm/Zoll:	

Zubehör

Release	
Art / Modell:	
Hersteller:	
Zuletzt gereinigt am:	
Nächster Reinigungstermin:	
Letzte Funktionsprüfung am:	
Verschleißteile ausgewechselt am:	
Ersatzteilsortiment	
bestehend aus:	
Zuletzt ergänzt am:	
Nachfüllen / ergänzen von:	

Gruppierungscheck

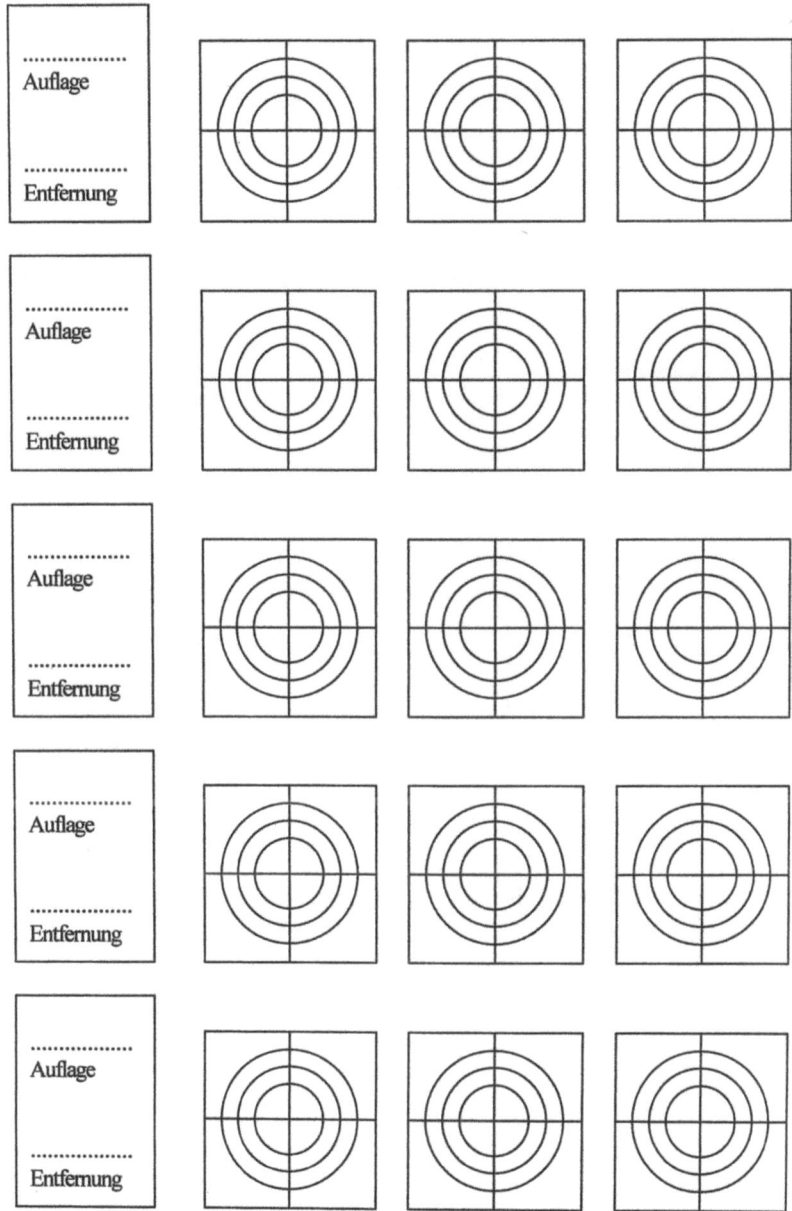

Bogenpass Compoundbogen – Teil 1

Notieren Sie sich regelmäßig die technischen Daten Ihrer Bogensportausrüstung. Durchgeführte Änderungen und deren Auswirkungen sind somit besser nachvollziehbar und können gegebenenfalls rückgängig gemacht werden.

Datum:	
Hersteller	
Modell:	
Länge Achse/Achse:	
Sehne / Kabel	
Länge Sehne:	
Strangzahl Sehne:	
Material Sehne:	
Länge Kabel:	
Strangzahl Kabel:	
Material Kabel:	
Stabilisatoren	
Modell Monostabi:	
Länge Monostabi:	
Gewicht(e) Monostabi:	
Modell Seitenstabi:	
Länge Seitenstabi:	
Gewicht(e) Seitenstabi:	
Dämpfer / Modell:	
Vorbau / V-Bar / Spinne	
Modell / Ausführung:	

Bogenpass Compoundbogen – Teil 2

Standhöhe	
Sehnenabstand in Zoll/cm:	
Pfeilauflage	
Modell:	
Ausführung:	
Visier	
Modell:	
Länge des Auslegers:	
Scope	
Modell / Größe:	
Linse:	
Vergrößerung:	
Pin:	
Pfeile	
Modell:	
Material:	
Länge:	
Spitzen / Gewicht:	
Nocks:	
Federn:	
Folierung / Länge:	
Beschriftung:	
Auszugslänge cm/Zoll:	

Zubehör

Release	
Art / Modell:	
Hersteller:	
Zuletzt gereinigt am:	
Nächster Reinigungstermin:	
Letzte Funktionsprüfung am:	
Verschleißteile ausgewechselt am:	
Ersatzteilsortiment	
bestehend aus:	
Zuletzt ergänzt am:	
Nachfüllen / ergänzen von:	

Gruppierungscheck

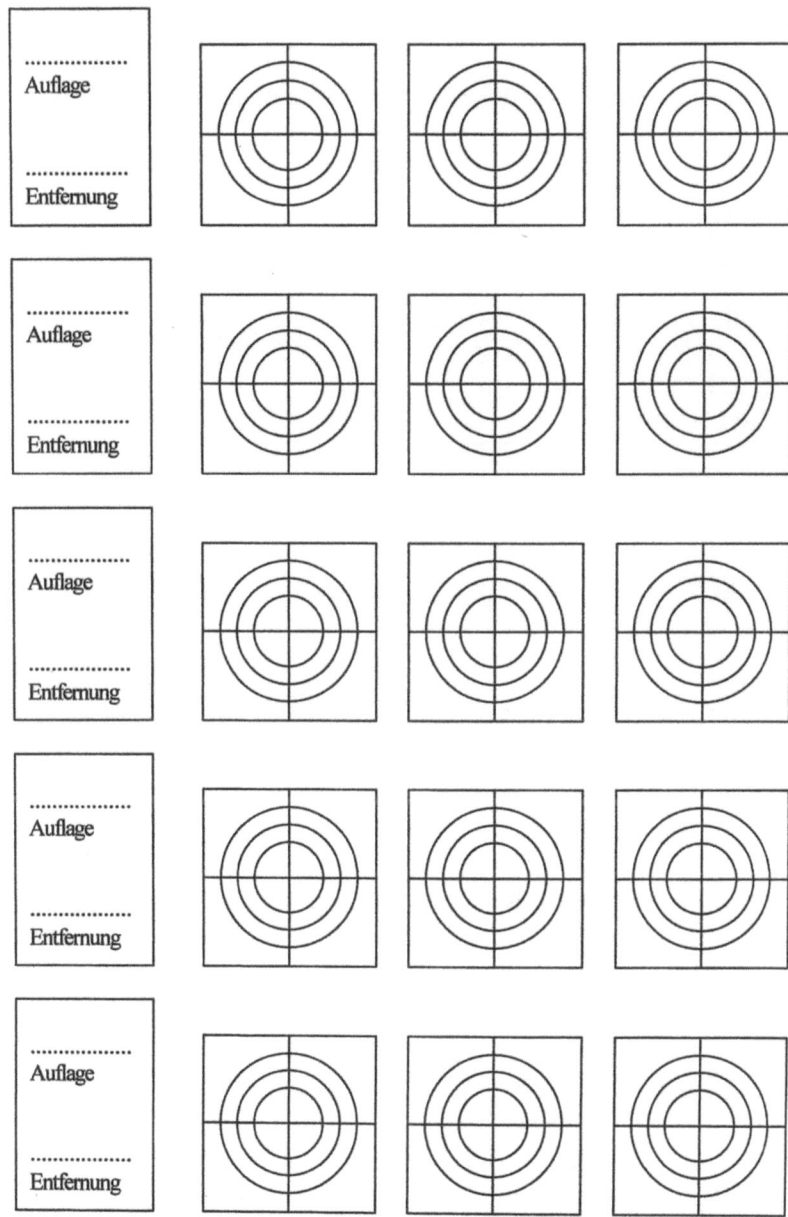

Bogenpass Compoundbogen – Teil 1

Notieren Sie sich regelmäßig die technischen Daten Ihrer Bogensportausrüstung. Durchgeführte Änderungen und deren Auswirkungen sind somit besser nachvollziehbar und können gegebenenfalls rückgängig gemacht werden.

Datum:	
Hersteller	
Modell:	
Länge Achse/Achse:	
Sehne / Kabel	
Länge Sehne:	
Strangzahl Sehne:	
Material Sehne:	
Länge Kabel:	
Strangzahl Kabel:	
Material Kabel:	
Stabilisatoren	
Modell Monostabi:	
Länge Monostabi:	
Gewicht(e) Monostabi:	
Modell Seitenstabi:	
Länge Seitenstabi:	
Gewicht(e) Seitenstabi:	
Dämpfer / Modell:	
Vorbau / V-Bar / Spinne	
Modell / Ausführung:	

Bogenpass Compoundbogen – Teil 2

Standhöhe	
Sehnenabstand in Zoll/cm:	
Pfeilauflage	
Modell:	
Ausführung:	
Visier	
Modell:	
Länge des Auslegers:	
Scope	
Modell / Größe:	
Linse:	
Vergrößerung:	
Pin:	
Pfeile	
Modell:	
Material:	
Länge:	
Spitzen / Gewicht:	
Nocks:	
Federn:	
Folierung / Länge:	
Beschriftung:	
Auszugslänge cm/Zoll:	

Zubehör

Release	
Art / Modell:	
Hersteller:	
Zuletzt gereinigt am:	
Nächster Reinigungstermin:	
Letzte Funktionsprüfung am:	
Verschleißteile ausgewechselt am:	
Ersatzteilsortiment	
bestehend aus:	
Zuletzt ergänzt am:	
Nachfüllen / ergänzen von:	

Gruppierungscheck

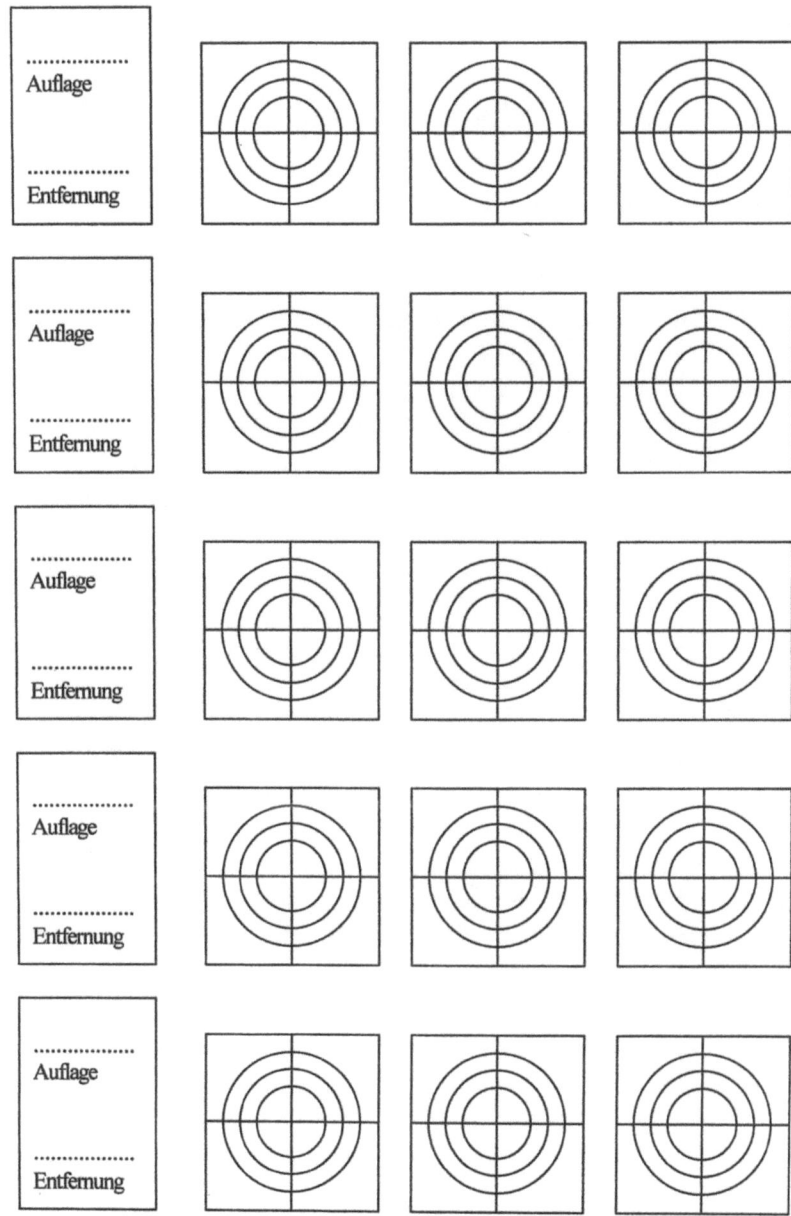

Visiereinstellungen

Das Visier immer in die Richtung der Pfeilgruppierungen stellen!

Meter	Skala	Skala	Skala	Skala	Skala
5					
10					
15					
18					
20					
25					
30					
35					
40					
45					
50					
55					
60					
65					
70					
75					
80					
90					

Der Compoundbogen

ist die modernste Ausführung aller Bögen. Er ist im Vergleich mit dem Recurve- oder Langbogen wesentlich kürzer und besitzt an den Wurfarmenden drehbare Camwheels, die auf die Drehachse wirken. Aufgrund der exzentrischen Aufhängung der Cams verändert sich der Angriffswinkel und der Hebelarm des Bogens.

Die Cams besitzen zwei unterschiedliche Durchmesser auf denen die Kabel und die Sehne eingehängt sind. Beim Ausziehen des Bogens entwickelt sich ein nicht linearer Kraftaufwand. Mit steigendem Auszug nimmt die Kraft zunächst stetig zu, um dann beim Überschreiten des sogenannten Gipfel-Zuggewichts stark abzunehmen.

Der Bogenschütze hält dann bei dem voll ausgezogenen Bogen nur noch einen Bruchteil des Zuggewichtes. Die Reduzierung kann je nach Ausführung und Einstellung bis zu 80% betragen. Durch diese Kraftreduzierung kann der Schütze den Bogen ruhiger und länger halten, wobei auch das Zielen leichter fällt.

Aufgrund der hohen Abschussgeschwindigkeit werden diese Bögen mit einer mechanischen Auslösehilfe (Release = auslösen, ablassen) geschossen, um so die Ablassfehler zu verringern. Ebenso wie beim Recurvebogen kommen noch ein Stabilisatorensystem, eine Visiereinrichtung mit Scope (Vergrößerungslinse) und eine Wasserwaage zum Einsatz.

Kurze Geschichte des Compoundbogens

Der Compoundbogen ist eine rein amerikanische Erfindung um mit einem solchen Bogen auf die Jagd zu gehen. Mehr als 90% der Schützen in Amerika sind Compoundschützen. Da die Anforderungen auf der Jagd und im Gelände ganz andere sind als beim Targetschießen, wurde der Bogen auf die spezifischen Bedürfnisse des Schützen angepasst.

Einige einflussnehmende Faktoren sind das Schießen bergab, bergauf, über Gewässer und Hindernisse sowie die unebenen, steilen und unwegsamen Verhältnisse im Gelände. Hinzu kommen noch die unterschiedlich großen Ziele (Tiere) und die unbekannten Entfernungen. Daher muss der Compoundbogen in der Länge sehr kurz sein aber trotzdem eine hohe Pfeilfluggeschwindigkeit und eine hohe Treffergenauigkeit aufweisen. Aus diesen Gründen haben die meinsten Jagdcompoundbögen lediglich eine Achslänge (Achse zu Achse) von 32 Zoll. Mittlerweile werden aber auch schon Compoundbögen für das Targetschießen mit 48 Zoll angeboten.

Hilfsmittel beim Compoundbogen

- Reduzierung des Kraftaufwands um bis zu 80% im Endauszug

- Visier mit Scope (Scope mit einer Vergrößerungslinse)

- Peep-Sight (Sehnenvisier)

- Wasserwaage zum Ausrichten des Bogens

- Versetzbare Pfeilauflage nach hinten in Richtung zur Sehne. Ermöglicht das Schießen von kürzeren Pfeilen. Dadurch ergibt sich eine gestrecktere Flugbahn des Pfeils.

- Release (Gerät zum Auslösen)

Auszugslängen

Bei einem Compoundbogen begrenzt sich die jeweilige Auszugslänge durch die Rollen und Kabel in Verbindung mit der Sehne. Im Ruhezustand des Bogens ist die Sehne um die Rolle (Cam) gelegt. Je nach Rollenform des Herstellers kann der Schütze diese Begrenzung im Endauszug spüren. Die Hersteller bieten hierzu Verstellmöglichkeiten der Auszugslänge an den Rollen an.

Die eine Methode ist, die Sehne durch vorgegebene Nuten oder auch Verstellschrauben unterschiedlich lang oder kurz einzustellen. Die andere Methode ist das Ein- oder Ausdrehen der Sehne. Eine weitere Möglichkeit ist wieder das Ein- oder Ausdrehen der Kabel, die auf der Rückseite der Rolle über eine Nut laufen. Eine Veränderung sollte hier allerdings bis maximal einem Zoll betragen.

Einstellen und Ändern des Zuggewichtes

Durch die sich an den Wurfarmen befindlichen Verstellschrauben kann der Schütze die Zugkraft individuell und je nach Kraft- und Konditionszustand einstellen. Eine Verstellung ist oft in einem Bereich von ca. 10 lbs. möglich.

Wie wirkt sich das Zugkraftverhalten eines Compoundboges aus?

Aus dem Bereich des Recurveschießens ist bekannt, dass sich beim Ausziehen des Bogens die jeweilige Zugkraft stetig (kontinuierlich) bis zur Auszugslänge steigert.

Bei einem Compoundbogen ist dieses allerdings nicht so. Durch die Vorspannung der Rollen muss beim Ausziehen eine bereits höhere Zugkraft überwunden werden. Dieses gipfelt in dem sogenannten Schwerlastpunkt. Da die Rollen/Cams nicht mittig gebohrt und gelagert sind, kommt es zu einer Helbelverlängerung durch die sich nach hinten drehenden Rollen. Ist dieser Punkt durch Ziehen der Sehne überwunden, lässt sich der Compoundbogen kräftemäßig leichter ausziehen und im Endstadium der Ankerposition und des Zielens leichter kontrollieren.

Der Tiller bei einem Compoundbogen

Der Tiller eines Compoundboges ist deutlich geringer als der eines Recurvebogens. Da die Hebelkräfte beim Eingreifen der Bogenhand in das Mittelstück bei einem kürzeren Bogen geringer sind, ist somit auch der Tillerabstand der Wurfarme deutlich geringer.

Da man aber auch beim Compoundbogen nicht durch die Energiemitte des Bogens schießen kann, bleibt es also nicht aus, diese asymetrischen Verhältnisse durch ein gezieltes Tuning auszugleichen.

Stellen sie also den Tiller (wenn nicht schon ab Werk voreinge-stellt) auf die Herstellerangaben ein und schrauben sie ihre gesamte Stabilisation an ihren Bogen.

Nun sollte der Monostabilisator beim Ausziehen nicht mehr als ca. 2 bis 3,5 Zentimeter nach oben „wandern". Diesen kleinen Test führen sie am besten mit einem erfahrenen Schützen durch. Dieser sollte seitlich von ihnen stehen, um den Ausschlag des Stabilisators beobachten zu können.

Testverfahren:

- Der Schütze sollte zunächst den angegebenen Wert der Herstellerangabe wählen.
- Das Tuning sollte auf einer Entfernung zwischen 25 und maximal 30 Meter beginnen.
- Der Bogenschütze schießt Passen zu je 6 Pfeilen und notiert sich die Trefferlage anhand eines Gruppierungschecks.
- Nun wird der Tillerabstand durch Veränderung an den Stellschrauben verändert. Dieser und folgende Veränderungen nur in kleinen Schritten. Stichwort: Millimeter für Millimeter!
- Der Schütze überprüft die korrekte Nockpunktüberhöhung und korrigiert ggf. den Sitz der Nockpunkte. Es eignen sich hierfür besonders gut sog. temporäre Nockpunkte.
- Der Bogenschütze schießt nun wieder Passen zu je 6 Pfeilen und notiert sich die Trefferlage anhand eines Gruppierungschecks.
- Dieses wird solange wiederholt, bis die Obergrenze der Herstellerangabe erreicht ist.
- Nun kann anhand der Gruppierungschecks nachvollzogen werden, welcher Tiller die optimale (für diese Entfernung) ist.
- Wiederholt wird das Verfahren auf verschiedene Entfernungen, möglichst an einem Tag und unter gleichbleibenden äußeren Bedingungen.

Ausführlichere Informationen und Details finden Sie in unserem Buch „Tuning eines Compoundbogens".

Wie ermittelt man die Auszugslänge des Schützen beim Compoundbogen?

Hierzu eine kleine „Berechnungsformel" für den Compoundschützen:

Stellen Sie sich gerade hin und strecken Sie ihre Arme nach beiden Seiten auf Schulterhöhe aus. Arme und Hände hierbei nicht überstrecken!

Nun misst eine dritte Person den Abstand zwischen dem Mittelfinger der rechten Hand bis zum Mittelfinger der linken Hand in Zentimeter. Dieser Abstand wird auch Flügelspannweite genannt. Dieses Ergebnis teilen sie jetzt zwei mal durch 2,54

Beispiel: Längenmaß von Mittelfinger zu Mittelfinger ist 180 cm.

180 dividiert durch 2,54 und wieder dividiert durch 2,54 = Auszuglänge 28 Zoll.

Hier einige ca. Richtwerte für die Auszugslänge:

Größe in cm	Auszugslänge in Zoll	Auszugslänge Bogen
155	24,03	24
160	24,80	25
165	25,58	26
170	26,35	26
175	27,13	27
180	27,90	28
185	28,68	29

Säubern von Pfeilschäften:

Um Pfeilschäfte von überflüssigen Klebstoffresten, Fett, Öl und Resten von Federn zu befreien, nehmen Sie ein einfaches Tuch, ein Cutmesser und Reinigungsmaterial.

Zuerst werden mit dem Cutmesser grobe Rest entfernt. Bitte achten Sie darauf, das Cutmesser in einem möglichst flachen Winkel auf dem Pfeilschaft anzusetzen. Dieses verhindert das ungewollte Entfernen der Lackierung bei Aluminiumpfeilen sowie bei Karbonpfeilen die Beschädigungen der Karbonschicht.

Nun nehmen sie einen einfachen Lappen und befeuchten diesen mit einem geeigneten Lösungsmittel. Besonders zu empfehlen sind hierbei die Produkte WD-40, Caramba 70 oder Balistol Reinigungsmittel. Dann reinigen sie den Schaft mit leichtem Druck, bis sich auch die letzten Reste abgelöst haben. Da sich jetzt noch Reinigungsmittel auf der gereinigten Fläche befindet, entfernen sie dieses mit einem trockenen und sauberen Tuch. Jetzt ist der Pfeil für weitere Arbeiten perfekt vorbereitet.

Buchtipp für ambitionierte Bogenschützen:

Unser Schießbuch für Bogenschützen ist ein unentbehrliches Hilfsmittel für jeden ambitionierten Bogensportler.

ISBN 978-3-7347-13767

68 Seiten, viele Formulare

EUR 7,95